Adelbert von Keller

Alte, gute Schwänke

Adelbert von Keller

Alte, gute Schwänke

ISBN/EAN: 9783743482722

Hergestellt in Europa, USA, Kanada, Australien, Japan

Cover: Foto ©ninafisch / pixelio.de

Manufactured and distributed by brebook publishing software (www.brebook.com)

Adelbert von Keller

Alte, gute Schwänke

Alte gute Schwänke

herausgegeben

von

Adelbert von Keller.

Zweite Auflage.

Heilbronn
Verlag von Gebr. Henninger
1876.

Vorwort.

Die hiernächst mitgetheilten Sprüche gehören fast sämmtlich unter die Gattung der Priameln. Unsere deutschen Litterarhistoriker sind mannigfach auf dieselben aufmerksam gewesen, ohne daß bis daher eine umfassende Behandlung und Sammlung zu stande gekommen wäre. Lessing beabsichtigte, unter dem Titel „Altdeutscher Witz und Verstand" eine Sammlung von Sprichwörtern, Apophthegmen und Denkversen altdeutscher Schriftsteller zu veranstalten. Daß er darunter auch Priameln begriff, zeigen die aus seinem Nachlasse veröffentlichten Vorarbeiten zu dem Buche (11, 666 ff. Lachmann).

Weiter befassen sich mit der Priamel Eschenburg in Lessings 5tem Beitrag zur Geschichte und Litteratur (S. 198 bis 222), Herder im deutschen Mercur (1782, August, S. 169), Eschenburg wider in Gräters Bragur (2, 332 ff.), in den Denkmälern (S. 392 ff.), Ferdinand Weckherlin in seinen Beyträgen zur Geschichte altteutscher Sprache und Dichtkunst (S. 55 ff.), F. H. v. d. Hagen und Büsching im literarischen Grundriß zur Geschichte der deutschen Poesie (S. 412 f.), Uhland in den Schriften zur Geschichte der Dichtung und Sage 2, 524 ff., A. Koberstein im Grundriß der Geschichte der deutschen Nationallitteratur (b, 269. 429. Bartschs Ausgabe 1, 236. 390), W. Grimm in der Einleitung zum Freidank (S. cxxij), Gervinus in der Geschichte der poetischen Nationallitteratur der Deutschen (26, 33. 380), G. Scholl in der deutschen Litteraturgeschichte (1b, 494), Espes Bericht vom J. 1837 an die Mitglieder der deutschen Gesellschaft S. 14, die Sammlung der Fastnachtspiele aus dem 15ten Jahrhundert, Stuttgart 1853, S. 1161 ff., Joh. Imman.

Schneider, Darstellung der deutschen Verskunst, Tübingen 1861, S. 256 f., Heinrich Kurz, Geschichte der deutschen Litteratur 1, 656, K. Göbeke im Grundriß zur Geschichte der deutschen Litteratur, Dresden 1862. 1, 89. 95. 111, W. Wackernagel in seiner Geschichte der deutschen Litteratur S. 282. 288. 429, Friedrich Wilhelm Bergmann in einer Abhandlung in der Revue d'Alsace ,,La priamèle dans les différentes littératures anciennes et modernes", auch besonders erschienen Straßburg und Kolmar 1868, Camillus Wendeler de præambulorum indole, nomine, origine. Halle 1870.

Vilmar faßt in seinen Vorlesungen über die Geschichte der deutschen Nationallitteratur (S. 316) das Wesentlichste über die Priamel in folgenden Worten zusammen: „Eine besondere und bis zum Ausgange des 16ten Jahrhunderts sehr üblich gebliebene, ja noch in der jetzigen Zeit nicht ganz verlassene Form, in welche sich seit dem 14ten Jahrhundert die Volksweisheit einkleidete, sind die Priameln, eine Reihe von Vordersätzen, meist aus Aufzählungen bestehend, denen ein oft unerwarteter, kurzer Schlußsatz nachfolgt; der Name ist aus præambulum, Vorspiel, Vorbereitung, entstellt. In manchen dieser Priameln liegt neben freilich oft sehr großer Derbheit ein ganz ungemeiner Witz und schlagende Wahrheit."

Das komische Motiv in diesen Sprüchen (z. B. N. 49) liegt oft blos darin, daß durch die Aneinanderreihung von theils ganz gleichen Gegenständen in je zwei parallelen Ausdrücken, theils von ganz ungleichen in der Aufeinanderfolge der gleichen Paare die Erwartung auf das gespannt wird, was denn nun von diesen Dingen zusammen als Gemeinsames werde ausgesagt werden. Und das Gemeinsame, was nun davon ausgesagt wird, teuscht auch wider die Erwartung in neckischer Weise, indem es eine Wahrheit sagt, die nicht erschöpft. Der Zuhörer wird stillschweigend verhöhnt, als wollte der Dichter sagen: Wie mochtet ihr nur glauben, daß hier ein innerlich treffendes Tertium kommen könne?

Übrigens sind priamelartige Sprüche auch außer der deutschen Litteratur da und dort vorhanden. Schon im Jesus Sirach C. 25 f. finden sich Sprüche, deren Aufbau mit der Priamel einige Ähnlichkeit zeigt. Im nordischen Havamal findet sich die Priamel. Ebenso bei Shakspere, im König Lear 3, 2.

Darauf, daß diese Form auch schon bei den Minnesängern, bei älteren, wie Spervogel, mehr noch bei späteren, wie dem Kanzler, sich finde, hat besonders W. Grimm und Gervinus aufmerksam gemacht. Satzstellungen, die an Priameln erinnern, begegnen selbst bei erzählenden Dichtern. So in Hartmanns Jwein Z. 3201 bis 3215. 3350 bis 3359. Von späteren erinnere ich an Kirchhofs Wendunmuth z. B. 1, 237.

Einzelne Priameln sind gedruckt in Joh. Cristoph. Wagenseilii de civitate noribergensi commentatio, Altdorf 1697. S. 157, bei W. Wackernagel, deutsches Lesebuch 1b, 1027. e, 1165. 1383, Fastnachtspiele aus dem 15ten Jahrhundert, Stuttgart 1853, S. 1161 ff., in der Sammlung „Deutsche Inschriften an Haus und Geräth", zweite Auflage, Berlin 1875. Vgl. F. Weinkauff, Anton Husemanns Spruchsammlung aus dem Jahre 1575 in der Monatsschrift für rheinisch-westfälische Geschichtsforschung und Alterthumskunde, herausgegeben von Richard Pick. Bonn 1875. Jahrg. 1, S. 479. 576 ff.

Eine vollständige Sammlung der deutschen Priameln lag lange Zeit in meiner Absicht. Andere dringendere Aufgaben verbieten mir die weitere Verfolgung dieses Planes. Vielleicht wird Herr Dr Camillus Wendeler ihn zur Ausführung bringen.

Vor allem wäre das Verhältnis der Priameln zu Rosenblut näher zu untersuchen. Daß dieser Dichter an der Abfassung der Priameln einen bedeutenden Antheil hat, habe ich schon in meiner Sammlung der Fastnachtspiele aus dem 15ten Jahrhundert S. 1161 angedeutet. Wie weit dieser sich erstreckt, wird durch sprachliche Untersuchungen theilweise aufgeklärt werden können, da äußere Zeugnisse fehlen. Die Handschriften der Fastnachtspiele Rosenbluts enthalten aber auch meist Priameln. So stehen viele Priameln, auch solche unserer Sammlung, in der Handschrift des germanischen

Museums in Nürnberg N. 5339a, mitten unter Dichtungen Rosenbluts. Vgl. Altdeutsche Handschriften verzeichnet von A. v. Keller N. 103.

Die Handschrift, aus welcher ich die folgenden Sprüche mittheile, hat schon F. Weckherlin benutzt und a. a. O. S. 57 beschrieben. Sie gehört der k. öffentlichen Bibliothek in Stuttgart, ist auf Papier in Folio geschrieben und enthält Bl. 1 bis 224 (Bl. 1 ist ausgerissen) den Renner Hugos von Trimberg; Bl. 226 und 227 sind leer; Bl. 228 bis 229a folgt: wie die siben todsund vor Crist gepurt von gott gestrafft worden sein; Bl. 229b bis 231 ain nutzliche lere ains vernunfftigen haußhalters; Bl. 232 bis 243a, nicht, wie Weckherlin angiebt, 132 bis 143, folgen sodann die hiernächst mitgetheilten Schwänke; Bl. 244 bis 252 der siben weysen spruche nebst anderem Lehrhaften. Einige weitere Blätter sind ausgerissen.

Der ganze Band scheint der Hauptsache nach von derselben Hand geschrieben. Blatt 225 giebt sich der Schreiber folgendermaßen kund:

Geschriben hatt mich
Peter Wetzel fleißigklich,
als man zelen ward furwar
tausend fünfhundert zwaintzig jar
nach vnsers herrn Crist geburd,
vor dem jar kaiser Marimilan sturb,
jn der zeit zu schwebischen Hall,*)
auch in dem jar, da konig Karl
von Hispanien, Castillien, Cecilien,
herr vber fünffzehenhundert jnseln,
ain ertzhertzog von Osterreich
an sich nam das romisch reich
jn der regirung seins ersten jar
vnd noch nit was bestettigt gar,
auch noch nit gekront zu Ach,
aber doch von khurfursten was
erwelt, vnd kam jn teutsche lant
jn etlich stet jm Niderland.
da hab ich dis buch geschriben.
wolt got, das wir alle beliben
jn gutem frid in gottes namen!
wer dis begert, der sprech: Amen!

---

*) Schwäbisch Hall ist der Wohnort Wetzels. Kaiser Maximilian starb bekanntlich in Wels.

Es ist kaum glaublich, daß ein Mann, nachdem er den ganzen Hugo von Trimberg, der in dem Bande voransteht, abgeschrieben, so schlecht reimen konnte; Beweis genug, daß Peter Wetzel nicht der Verfasser der Priameln ist. Übrigens giebt Wetzel auf dem hintern Deckel des Bandes noch über seine Familie Auskunft. Sein „lieber lieber Vater" war Hans Wetzel, † 21 Mai 1530. 1522 am h. Dreikönigtag verheirathete er sich mit Apollonia, Merti Auterriets Tochter, mit welcher mehrere Kinder „eelich gezilt" wurden; 1523 am 27 Jan. ist geboren Apollonia, 21 Apr. 1525 David, 22 Oct. 1526 Joseph, 21 Jul. 1528 Martinus († 24 Aug.), 26 Aug. 1530 Dietrich, 1 Nov. 1531 Leonhard, 14 Merz 1533 Martin. Nach dem ersten Vorblatt zu schließen, gieng das Buch zunächst in den Besitz des ältesten Sohns David über.

Diese Stuttgarter Handschrift ausschließlich liegt der ersten Auflage meines Buches, die in Leipzig bei Wilhelm Jurany 1847 erschienen ist, zu grunde.

Seither ist mir ein alter Druck bekannt geworden.

Ein Theil der in der Stuttgarter Handschrift enthaltenen Sprüche, N. 1 bis 51, ist „getruckt zu Mentz" auf 14 Blättern ohne Jahresangabe. Emil Weller, der in seinen Annalen der poetischen Nationallitteratur der Deutschen 1, 292 diesen Druck aufführt, setzt ihn etwa in das Jahr 1510. Das in der k. Kreis- und Stadtbibliothek in Augsburg verwahrte Exemplar habe ich mit meinem Abdruck von 1847 verglichen und führe in den Anmerkungen die wichtigeren Abweichungen der Lesart auf.

Tübingen 3 Merz 1876.

Hierin vindt ainer mangen guten schwanck
Lustig ze horen bey dem weintranck.
Darnach mag sich yegklicher richten,
Hab ich nit wollen underlossen zu dichten.

> M Hierin in disem büchleyn
> Findt mann vil güter reymen seyn
> Manchen seltzam güten schwanck
> Lustig zuhören bey dem weinstranck.

Darunter ein Holzschnitt, drei männliche Gestalten darstellend. Vgl. Camillus Wendeler de præambulis S. 49.

1.

Welcher solche ding will außstubbiern
und darumb schwechen sein hirn,
ob besser betten sey, dann schweren,
und ob sich ein wolff ainer genß mug erweren,
5 und ob zucker sueßer sey, dann gallen,
und ob dantzen nutzer sey, dann wallen,
und ob feur haißer sey, dann schne,
und ob aim krancken menschen sey wee
und ob wainen trauriger sey, dann lachen,
10 der bekomert sich mit unnutzlichen sachen.

*

Vgl. Fastnachtspiele aus dem 15 Jahrhundert S. 1167. Unnütze Beschäftigungen werden auch N. 4. 5. 12 aufgezählt. Ebenso in folgenden zwei von Lessing (11, 667 f.) gegebenen Priameln.

Wer frauen die köpf stößt an einander,
wenn eine heimlich redt mit der ander,
und scharfe messer haut in stein
und an ein tanz streut spitzige bein
und in ein essen riert aschen
und löcher bohrt in beutel und taschen

und den frauen hinten auf die langen mångel*) tritt,
der arbeit auch gern, des man ihm nicht bitt.

Wer ab will löschen der sunnen glanz
und ein geiß will nöthen, daß sie tanz,
und einen stummen will zwingen, daß er hör,
und ein kuh will jagen durch ein nadelsör,
und geistlich münch will machen aus schälken
und aus einem esel met will melken
und an ein ketten will binden ein fist,
der arbeit gern, das unnütz ist.

1. M Wer sölche.
2. M schwechen will sein.
3. M den schwern.
4. M vnd sich einer gifft mög erwern.
10. M bekümbert s. m. vnendtlichen.

*) Lies **mäntel**.

2.

Welcher lay sein vasten unnd andacht
spart bis an die vaßnacht
und bis an ain dantz diemutigkait,
zu schonen frawen rew unnd laid,
5 unnd bis in ain weinhaus sein gebet,
so er spilt in dem bret,
und sein zucht spart, bis er wurt vol,
fur weiß man in nit halten sol.

Eschenburgs Denkm. S. 421. Weckherlins Beytr. S. 60. Fastnachtspiele aus dem 15 Jahrhundert. S. 1167.
2. M vastnacht.
3. M Vnd an ein tantz demütigkeit.
4. M vnd zů. Betrübnis und Leid aufschiebt, bis er bei schönen Frauen ist.
5. M Vnd in.
8. M wirt.

3.

Welcher man sich vor dem alter besorgt
unnd ungern gilt und gern borgt
und mit ainem hirsen in die weit wil springen
über tieff graben unnd clingen
5   unnd all zeit huten will seiner frawen
unnd darumb stechen will und hawen
und ringen will mit ainem bern,
der macht im selbs unruwe gern.

＊

Eschenburgs Denkm. S. 421. Weckherlins Beytr. S. 59.
Vgl. Lessings Werke 11, 667. N. 2. Fastnachtspiele aus dem
15 Jahrh. S. 1163.

2. M gült. gilt bezahlt.
3. M mit eym hirssen die. hirs Hirsch. weit? wett.
4. M greben vnd über klingen.
5. Über die Frauenhut im Mittelalter s. Maßmanns Eraclius
S. 598 ff. Vicomte von Brantôme (Oeuvres hg. J. A. C. Buchon,
Paris 1848) 2, 412: Veu que la femme est de tel naturel,
que tant plus on luy deffend cela, tant plus y est elle
ardente, et a on beau luy faire le guet.
8. M vnrůg.

4.

Wer holtz uff mäſſerin biſchen hawet
unnd erbis an die ſtegen ſtrawet
und omais trug in ain bet
und newe ſat ernider dret
5   und bin tregt in ain bad
und dorn ſtraywet uf ain engen pfad
und drinckvaſs mit nußſchaln ſchwanckt,
der arbait, das ims niemand danckt.

*

Faſtnachtſpiele aus dem 15 Jahrh. S. 1163. 1167. Eſchen-
burgs Denkm. S. 421.
1. mäſſerin gemaſert. ME krauſen.
2. erbis Erbſen. M erbeiß an ein.
3. M dmeß trüg. omais Ameiſen.
4. M danyder.
5. bin Bienen.

5.

Wer baden will ainen rappen weiß
und daran legt sein ganzen fleiß
und an der sunnen schne will derren
und wint wil in ain kisten sperren
und ungluck wil tragen fayl
und alle wasser wil binden an ain sail
und ainen kalen wil bescheren,
der tut, das da unnutz ist, gern.

Eschenburg in Gräters Bragur 2, 337. Denkm. S. 414. Hiernach ganz W. Wackernagels deutsches Lesebuch 1, 794. b,1028 und Vilmars Vorlesungen S. 316. Fastnachtspiele aus dem 15 Jahrh. S. 1167.

1. M ein raben. Bragur Wer einen Raben will baden.
2. M seinen. Br. darauf.
4. M ein truhen. Br. Und allen Wind in ein Truchen. Vilmar Kasten.
5. Br. Ungelück.
6. Br. Und Narren will.
8. Br. thut auch unnüz Arbeit gern. da fehlt M.

6.

Ain vaßnacht on frayden,
ain meſſer on ſchaiden,
ain munch on kutten,
ain jung frau on butten
5   und ain ſtecher on ain pferdt,
die ding ſeind alle nichs wert.

Die Priamel ſteht am Schluſſe des Stückes das actum=
vasnacht in den Faſtnachtſpielen aus dem 15 Jahrh. S. 695
etwas erweitert. Vgl. Laßbergs Liederſaal 3, 197.
1. M faſtnacht.
2. M on ein ſ.
3. M on ein.
6. M findt alle nit eyns kats werdt.

7.

Welcher man an fraiden ist erloschen
und hat unden gar außgetroschen,
schwach und kranck ist an seinem leyb
und hat ain schons jungs gayls weyb,
5 die under der gurtel ist hungerig und geitig,
dem seind die kisen ober jar zeitig.

*

Lessing 11, 667. Fastnachtspiele S. 1162. 1370.
1. M früden.
2. M Vnd vnden gar hat vß getröschen. L unten gar hat.
3. L Und s.
4. L schönes junges. gayl rüstig, kräftig. Ebenso in den Fastnachtspielen aus dem 15 Jahrh. S. 317. 732.
5. M L dem Gürtel. Ein Euphemismus, den wir auch bei dem italiänischen Novellisten Agnolo Firenzuolo finden. Nov. 3, bei Zirardini 1, 452; sodann in der spanischen Romanze vom Grafen Claros von Montalban (Grimm S. 200. Schea S. 22), aus dem Spanischen auch bei Brantome, des dames gallantes (Oeuvres, Paris 1848. 2, 391). Ebenso bei Grécourt, Oeuvres choisies. Genf 1777. 2, 117: La ceinture. Konrad Flecks Flore B. 6915; umbe ander die getât, die rehte decket wîbes wât, von dem gürtel nider baz. geitig] Ebenso in den Fastnachtspielen aus dem 15 Jahrh. S. 317. 732.

6. M ſindt die kifferbeiß ii. Kiſen] L Kiffarbeit, wozu er unrichtig bemerkt: "Vielleicht ſo viel als Sarg." Vgl. 43, 8. Kiſen (mhd. kiben) bedeutet ſchmollen; Kiſerbſen ſind Kichererbſen; daher denn ſcherzweiſe auch Kiſerbſen oder Kiſen eſſen = hadern. Faſtnachtſpiele aus dem 15 Jahrh. S. 317. 701. 712. 772. 853. 1500. Hans Sachs 9, 108. Vgl. Gottſcheds nöthiger Vorrath 2, 60. Schmellers bayer. Wörterb. 2, 285.

8.

Ain junge maid on lieb
und ain grosser jarmarckt on dieb
und ain alter Jud on gut
und ain junger man on mut
und ain alte schewr on meuß
und ain alter beltz on leuß
und ein alter bock on bart,
das ist alles wider naturlich art.

*

Lessing 11, 668. W. Wackernagels deutsches Leseb. 1, 795. b, 1028. Scholls deutsche Litteraturgesch. 1b, 495. Meine altdeutschen Gedichte (Tübingen 1846) 1, 242. Andere Hs. s. Fastnachtspiele S. 1162. 1165. 1337. 1370. 1456. J. Scheibles Schaltjahr 1, 605 f. Ähnlich ist die von A. Birlinger aus einer Bamberger Hs. in Auffeß Anzeiger 1866, 280 mitgetheilte Priamel.
1. M magt.
7. Vgl. Thomas Murners Gedicht über den lutherischen Narren 3. 1663.
8. Less. die n. Wack. widernaturlich. Die Hs. der Tübinger Universitätsbibliothek M c 32, Bl. 125 enthält folgende Priamel:

Ein alt beltz an leuß
Ein alt scheweren an meuß
Ein schenn fraw an lib
Ein iar marck ann dieb
Ein kirmeß ann betler
Daß sein gar seltzame mere.

Sehr erweitert hat diese Priamel Burkhart Waldis in seinem Esopus, hg. Heinrich Kurz 2, 243 bis 247. Dazu Kurzs Anmerkung S. 182. Vgl. Camillus Wendeler de præambulis S. 43 f.

9.

Ain ſtelender dieb und ain butel,
ain boß weyb und ain groſſer knutel
unnd groß gerten und böſe kind
und ain metzler und ain faißt rind
5 und ain ſchneller lauffer und ain ebner weg,
ain hungerige ſau und ain warmer dreck
und ſaugende kind und melckend ammen,
die ding fuegen gar wol zuſamen.

Vgl. Faſtnachtſpiele S. 1162. 1370.
1. M büttel : knüttel.
6. M vnd ein hungerick.

10.

Ain weindrincker und ain boden=naig
ain wagenmann und ain hohe staig
und ain jeger und locherits garn,
da allwegen die hasen durchfaren,
und ain gerber und locheret hewt
und reich burger und arm edellewt
und hund und katzen uf ainer misten
und boß Juden und frum Cristen
und arm kaufleut unnd groß zoll,
die vermugen sich gar selten mit ain ander wol.

F. Weckherlins Beyträge S. 60. Fastnachtspiele aus dem 15 Jahrh. S. 1162. 1165. 1370.
3. M löcherechts.
5. gerber] M lederer und löcherecht.
9. M grosser.

11.

Ain faßnacht und ain frolichkait,
ain hupsche fraw unnd ain schons clait,
ain acker und ain pflug,
ain wasser und ain krug,
5 ain pfaff und ain buch
ain zagel und ain bruch,
rettich und ruben,
hurn unnd buben,
eessel und ain muller,
10 ain weinschenck und ain fuller,
durstig leut und guter wein,
die sollen allwegen bey ain ander sein.

*

Münchener Hs. s. Fastnachtspiele S. 1162. 1456.
6. Zagel. Vgl. 24, 6. bruoch Hose. 16, 6. 25, 8.
7. 8. fehlt M.
8. 35, 17. Christoph Lehmanns Florilegium politicum. Frankfurt 1638. S. 405: „Viel Jagten werden angefangen, daß Huren und Buben zusammen kommen."
9. M Ein esel.
10. 48, 6. 12.
11. M Vnd d.

12.

Wer gaiß in garten leßt
und ofenkacheln die boden außsteßt
unnd weiß schleyr an keßel reybt
und ainen stoßt, der da schreybt,
5 und in ain kuchin laßt schwein
und locher bort in ain vaß mit wein
und sunst ander arbait nit enkan,
der verdienet gar ain clainen lan.

*

Weckherlins Beytr. S. 59. Eschenburgs Denkm. S. 415.
W. Wackernagels deutsches Leseb. 1b, 835. Fastnachtspiele aus
dem 15 Jahrh. S. 1164. 1370.
 1. M gerten.
 2. die] fehlt M.
 3. M schleyer.
 4. M ein. M do.
 5. M küchen lest.
 6. M löcher b. in vaß.
 7. M sunst] fehlt M.
 8. M verdint gar vnd gar ein clein l.

13.

Wer ain bock zu aim gertner setzt
und schaf und genß an wolff hetzt
und sein zen sturt mit ainem scheyt
und hunden bratwürst zu behalten geit
5 und gute kost saltzt mit eschen
und sein gelt legt in locherit deschen
unnd in ain reusen geußt wein,
der dunckt mich nit wol witzig sein.

Weckherlins Beytr. S. 60. Scholls Litteraturgeschichte 1b, 493. Fastnachtspiele aus dem 15 Jahrh. S. 1164. 1370.
1. M einem gartner.
3. M steüert.
4. behalten aufbewahren.
5. M gut k. saltz. eschen] Vgl. zu 1.
6. Lessing 11, 667. M. löcherecht.

14.

Wer sich ainer solchen sach vermeß
und mit ainem hencker ain kalbskopf eß
und sich auch also ließ bewirten
und lorber eß mit ainem gaißhirten,
5   er sey burger, baur oder ain furst,
unnd mit ainem bader eß blutwurst
und ließ sich auch also laden,
das er mit ainem kwhirten ese ains flauen
und eß mit ainem kurßner ains hasen,
10 der bedorft wol ainer wolschmeckenden nasen.

*

Lessing 11, 666. Fastnachtspiele S. 1163. 1165. 1370.
1. M sölchen.
2. M Der mit.
4. M einem hirten.
5. M oder ein fürst.
6. M eim b. eß blutwürst.
8. M Vnd mit einem kühirten eß fladen.
9. M eim kürßner hasen.
10. M dörfft. M wolschmeckend.

15.

Wer umb den becken kaufft korn
und umb den schnitzer leym und horn
und umb den schuster kauft schmer
und umb den schneider nadel und scher
5 und desselben nicht vermid
und kauft koln umb die schmid
und umb den wurffelmacher bain,
der reicht mit kauffmanschatz gar clain.

Eschenburgs Denkmäler S. 422. Fastnachtspiele S. 1162. 1165. 1370.
   2. schnitzer] M bogner.
   6. M vnd kolen kaufft.
   8. M kauffmannschafft.

16.

Wer ain pferd hat, das da hinckt,
und ein frawen, der der atem stinckt,
und hot ain ofen, der da reücht,
und ain bet, das all zeit vol floe kreücht,
und an tregt zwey eng dirr schůch
und an hot ain locherite brůch
und uf seim hauß hat ain zerbroches dach,
der hat gar selten gut gemach.

*

Fastnachtspiele aus dem 15 Jahrh. S. 1163. 1370. 1456.
1. M do hingt.
2. M fraw. M stinck.
3. M hot] fehlt M. M do.
4. M flöhen kreücht.
5. M antreck zwen enge dürr schůch.
6. 11, 6. M het ein löcherechte brůch.
7. M brochens.

17.

Wer ain hennen hat, die nit legt,
und ain schweins=muter, die nymmer junge tregt,
und hat ain ungetrewen knecht,
der tut im gar selten recht,
5   und ain katz, die über jar vecht kain mauß,
und ain frawe, die da bult aus dem hauß,
und ain maid, die da geet mit ainem kind,
der man het gar ain boß haußgesind.

Fastnachtspiele aus dem 15 Jahrh. S. 1165.-1370. Nach-
lese S. 329.
   2. M iungen.
   4. M der im thut.
   5. vecht fängt.
   6. M fraw die do.
   7. M magd die do. M eim.
   8. M hat. M böß.

18.

Welcher man wandert in guter wat
und rumpt sich mer, dan er hat,
und guft und geudet uff der straſſen
und wil vil geltz zu letz in der herberg laſſen,
5   gut eſſen und drincken verſchmecht zu aller friſt
und herr wil ſein, da er billich knecht iſt,
und im nieman davon kan wincken,
der muß im alter aus dem engſter drincken.

Steht auch in einer Münchener Hſ. Vgl. Faſtnachtſpiele S. 1162.
2. M rümpt.
3. guft prunkt. Schmids schwäb. Wörterb. S. 247. M güdet.
geudet prahlt. Ebendaſ. S. 229. Schmellers bayer. Wörterb. 2, 16.
(Eree 2381. Leſſing zur Geſch. u. Litt. 5, 199: lop und rom
und wie man geud. Eſchenburgs Denkm. S. 418: Armut
mit groſſem güfften und ruhm, hoffart, geuden on allen
reichtum.
4. letz Trinkgeld, Abſchiedsgeſchenk. S. Lexers mhd. Wörterb. 1, 1891. in] M an.
6. M do.
7. M vnd yen niemant douon.
8. M vß. M angſter. engſter ein kleiner Becher.

19.

Welcher man nit geltend guter hat
und vil mit bosen weyben umb gat
und ungern arbait und gern feyrt
und uber tag bey dem spil umb leyrt,
frue und spat ligt bey dem wein
und des besten al zeit wil vol sein
und nit fleucht vor der schanden meyl,
der wurt gern dem hencker zu tail.

1. M güter.
3. M fyert : lyert.
6. M alweg vol will.
7. meyl Befleckung.
8. wurt] M wirt.

20.

Ain man, der da wol mag drincken und essen,
so er dann zu disch ist gesessen,
und wol mag arbaiten, was im zusteet,
damit man sein zu eren begeet,
5 und ain man mag sein zu zymlicher zeyt,
wann er bey seinem eeweyb leyt,
und wol mag schlaffen frue und spat
und zu rechter zeit sein brunnen hat
unnd wol mag unden außdaiwen,
10 damit er mag ain sau erfraiwen,
wann ime die siben stuck wonen bey,
so soll er nieman klagen, das er kranck sey.

Vgl. Fastnachtspiele aus dem 15 Jahrh. S. 1163. 1167.
1342. 1370. 1435.
1. M der wol.
3. M ime.
4. M domit.
6. M wenn.
9. außdaiwen] mhd. döuwen verdauen. M vß deüen.
10. M do. M erfrewen.
11. M wenn im. Zu diesen 7 Hauptzeichen der Gesundheit

stehen in anderen mittelalterlichen Dichtungen parallel: 7 Worte Christi am Kreuz, 7 Künste, 7 Farben, 7 Schönheiten der Frauen, 7 Freuden der Ehe u. s. w. Andere Siebenzahlen s. N. 50. 51.

12. M sol niemand clagen.

Eine andere die Gesundheit betreffende Priamel steht bei Lessing 11, 667.

> Nebel übrige kält und heiße glut,
> taubenmist und auch ihr brut,
> winpran stechen und augen reiben,
> so blattern und roth darinn thut bleiben,
> gestöber, blitz, sunn und auch rauch,
> groß trünk, zwiffel und knoblauch,
> weißer schnee und auch heiße bad,
> die ding seyn all den augen schad.

21.

Nach dreyen dingen wurt man schwach,
das ist ain alte war sag;
das erst, wan man hat gebadt,
das mach die glider schwach und madt;
das ander ist von großem zorn,
so hot der mensch vil craft verlorn;
das dritt, wan man bey frawen leit,
dasselbig auch groß schwachhait geit.
nach baden sol man kelten fliehen,
so thut sich crafft wider ein ziehen;
nach großem zorn soll man fraid suchen,
das steet geschriben in artzt-buchen;
wer dan schlaift nach dem werck der frawen,
der hat die schwachhait all wider abgehawen.

*

Fastnachtspiele aus dem 15 Jahrh. S. 1167. 1342 f. 1370.
1. M wirt.
2. sag]? sach. M warsag.

4. M das beüt den glidern.
7. M wenn.
8. M daſſelb.
9. M kelte.
10. thut] M wirt. M in ziegen.
12. M in den arzt bûchen.
13. M den ſchlefft.
14. wider] fehlt M.

22.

Nach dreyen dingen wurt man starck,
das findt man in der weißhait sargk:
das erst, wan ainer bezalt all sein schuld
und gewint seiner gelter gunst und huld;
das ander, wan ainen der hunger hat besessen,
darnach er gnůg hat druncken und gessen;
das drit, wan ainer recht hat gebeicht,
davon vil schwachhait von im weicht.
die drei burd drucken mangen kranck,
das im ain jar wurt zwayer lang.
wer die drey lest von im legt,
der hat so vil schwacheit verzert,
das er wirt stercker dan vor seiner zwien,
wenn er on schuld und on sund wurt gien.

Fastnachtspiele aus dem 15 Jahrh. S. 1167. 1370.
1. M wirt.
3. M wen.
4. gelter Gläubiger.

5. M wenn einen.
6. M vnd er gnůg hat zů trincken vnd zů essen.
7. M wenn.
9. M driy. M manchen.
10. M wert.
11. M ledt: verzedt.
13. M denn. M zwen : gen.
14. wurt gen geht, ist. M wirt.

23.

Ain priester, der dreißig jar zu schul wer gangen,
ehe er sein ampt het angefangen,
unnd ain jar het geraißt, gesturmt, gestritten
und ain jar geraupt und umbgeriten
5 und ain jar ain böß eeweib het,
die nymmer nach seinem willen tet,
und ain jar gedient, da die arbait wer schwer,
da ain bosi fraw und ain zorniger her wer,
und ain jar wer gangen in betler=leben,
10 der kont gut bus in der beicht geben.

1. Weckh. ccc statt xxx. 52, 6.
Ähnlich ist folgende Priamel aus Lessing 11, 666:
  Welcher priester sich deß vermeß,
  der ein jahr ob dem scholder*) seß
  und ein jahr in freyheitenweis**) umlief
  und ein jahr all nacht in der badstuben schlief

---

*) Scholder erklärt Lessing unrichtig Schuldturm. Es ist
= Spieltisch. Vgl. Schmeller 3, 354. C. v. Schmid S. 476.
**) Lessing: „Freye Knechte im Kriege, die sich wahrscheinlich
vom Raube nährten." Vgl. Schmellers baverisches Wörterbuch

und wär ein jahr eines bubenvaters knecht
und ein jahr büttel und pul fur recht
und daselbst allerley recht spüret
und ein jahr einen blinden führet
und wär ein wirt in einem frauenhaus,
da würd erst ein guter beichtvater draus.

Den Gegensatz dazu bildet die Priamel bei Gräter, Bragur 2, 335:

Welcher priester ist zu krank und zu alt,
der nicht hat pabsts oder bischofs gewalt,
der selten in den büchern liest
und allweg gerne trunken ist
und in der schrift ist übel gelehrt
und an seinen sinnen ganz versehrt
und nie kein predigt hat gethan
und dazu wär in des pabstes bann
und an der beichte säß und schlief,
so man im beicht von sünden tief,
und nicht wüßt, was ein todsünde wär,
der wär nicht ein guter beichtiger.

2. M Ee.
3. M gestürmt vnd gstritten.
5. M ein übel e.
7. M do.
8. M ein üble.
10. M kan.

1, 608. W. Wackernagels deutsche Litteraturgeschichte S. 118. Fastnachtspiele aus dem 15 Jahrh. S. 558. 774. Nachlese S. 17. 335. Ambraser Liederbuch S. 139.

24.

Welcher man wer als faul und als leß,
das er uf ainer wagenlais seß,
bis im ain rad ain fuß abdruckt,
ee er ain wenig hinder sich ruckt,
5   und als lang in ainem kustal seß,
bis im ain mauß sein zagel abfreß
und im baid hoden durch bis
und im ain kuo ain aug außschiß,
wan der vor laßhait nit mecht geweichen,
10 den mag man wol zu ainer fauln hurn gleichen.

*

Eine ähnliche Verhöhnung der Faulheit findet sich in dem Spil von den dreien Brüdern in meinen Fastnachtspielen aus dem 15 Jahrhundert 1, 86. Zu dieser und der folgenden Priamel vgl. die Abhandlung über die zwelf faulen Pfaffenknechte in J. M. Wagners Archiv für die Geschichte deutscher Sprache und Dichtung, Wien 1873, S. 437 ff.

1. leß träg.
2. M der auff.
3. M ime.

5. M kůstal.
6. 11, 6. M ime. M ab eß.
7. M Vnd beid hoden durckel byß.
9. M geweihen.
10. M zů einem faulen hürnson gleychen.

25.

Welcher man als faul wer und als treg,
das er an ainer haiffen funnen leg,
bis im die fliegen abbiffen feine oren
und an feiner heut wurden gleich aim moren,
5   und als lang fchlieff uff ainer miften,
bis im die meuß in den hindern niften,
und bey dem feur fich nit verwendt,
bis im fein bruch am arß verbrent,
und fich vor faulkait nit mocht lefchen,
10 ich main, ich lüg, hieß ich den ain refchen.

*

Faftnachtfpiele S. 1163. 1165. 1369. 1456.
1. man fehlt M.
2. M der an. M fonnen.
3. M jme. M fein.
4. M heüt würd.
6. M ime. M hynern.
8. 11, 6. M ime.
9. M möcht.
10. refch rafch).

26.

Lieb ist an aller stat;
wol dem, der vil pfening hat!
wer da hat pfening vil,
der kauft im lieb, wie vil er wil.
5 lieb uberwindt alle ding.
'es ist gelogen' spricht der pfening.
wu ich pfening hin wend,
do hot nu all lieb ain end.
ain lieb und nicht mere
10 wer allen frawen ain ere;
sie wolles aber nicht recht verstan,
ir aine will zwen oder drey han.

Andere Handschriften s. Fastnachtspiele S. 1152. 1162. 1185. 1371. 1457. Nachlese S. 305. Weckherlins Beyträge S. 61.

3. M do.

4. Lehmanns Florilegium politicum S. 403: Man gibt iederman umb sein gelt, was ihm schmeckt. Ähnlich der Spruch in J. Scheibles Kloster B. 5, letzte ungezählte Seite: noch hätt' ich Geld, so wär' ich lieb.

5. Hier beginnt das Gedicht erst in der Hf. des germanischen Museums N. 5339a, Bl. 24. Vgl. meine altdeutsche Handschriften, verzeichn. N. 103, 29. In einem früher in Uhlands Besitze befindlichen Buche *Eyn schön rimböckelin, worine vele lüstige, nütte vnd künstige spröke* u. s. w. steht Bl. D:

> Fründschop geyt vor alle dynck.
> Dat straffe ick, sprack de pennynck.
> Den wor ick keer vnd wende,
> Dar hefft de Fründschop eyn ende.

Die 2 Zeilen 5 und 6 giebt auch W. Wackernagel, altdeutsches Lesebuch, Basel 1839, S. 1027.

6. Der Pfenning (das Geld) personificiert auch in dem Spruche bei Lessing zur Gesch. u. Litt. 5, 211 und im teutschen Mercur 1782. Aug. S. 171 f.:

> Kommt Kunst gegangen vor ein haus,
> so sagt man ihr, der wirt sei aus;
> kommt weisheit auch gezogen dafür,
> so findt sie zugeschlossen die thür;
> kommt zucht und ehr derselben maas,
> so müßen sie gehn dieselbe straß;
> kommt lieb und treu, die wär gern ein,
> so will niemand ihr thorwart seyn;
> kommt wahrhait und klopfet an,
> so muß sie lang vor der thür stahn;
> kommt gerechtigkeit auch vor das thor,
> so findt sie ketten und riegel vor;
> kommt aber der pfennig geloffen,
> so findt er thür und thor offen.

Ein lateinisches Gedicht versus de nummo giebt Schmeller, Carmina burana S. 43 f. Eine Erzählung über den Pfenning

aus dem 13 Jahrh. ist gedruckt in Mollers Sammlung. Vgl.
Prox de poetis Alsaticæ eroticis S. 29. F. Weckherlin a. a. D.
S. 68. 74. Cod. germ. mon. 713. Altd. Hss. 42, 306. 46,
290. 55, 27. 59, 102. Fastnachtspiele aus dem 15 Jahrh. S. 105.
461. 1157. 1183. 1185. 1336. 1437. Nachlese S. 308. Haupts
Zeitschrift für deutsches Alterthum 6, 301.

7. M Wo ich pfenning wend.
8. M nun.
9. Meine altd. Gedichte 1, 242, 10.
11. M wöllens aber nit.

27.

Die lieb, die die menschen zu ain ander haben solten,
die an dem jungsten tag wol wurd vergolten,
und die lieb, die man zu der gerechtigkait
solt haben, als uns die hailig gschrifft sait,
5 und die lieb, die vatter und muter und kind,
schwester und bruder und was der seind
zusamen solten haben von natur,
darumb, das si alle seind ainer figur,
und all die lieb, die man zu got solt haben,
10 darnach ain ygklich mensch soll jagen,
als man oft predigt vor unns allen,
die lieb ist alle uff den pfening gefallen.

*

Vgl. Fastnachtspiele aus dem 15 Jahrh. S. 1114. 1164. 1166. 1339. Altdeutsche Handschr. 103, 106ᵇ.
2. M am. M wirt.
4. M schrift.
5. M vatter muotter.
6. M vnd schwester vnd brúder was der sindt.
8. M all sind.
9. M lieb man.
10. M yeglich. M graben.
12. M pfennig.

28.

Ain artzt, der zenwee kund vertreiben
mit rechter kunst an mannen und weyben
und das bodengrun an bainen und fueſſen
mit rechter gewerter kunst kund bueſſen
5 und febres und auch peſtelentz
umb gering gelt und reverentz,
und blind leut kund machen geſehen,
als in nie laid wer an augen geſchehen,
und lame kruppel kund machen gerad,
10 das ſie furbas nymmer berurt der ſchab,
und ſunderſiechen kund machen rain,
als man ſie da badet aus dem tauffſtain,
wurd er dan bei den kunſten allen betlen gan,
ſo müßt es gar ubel in der welt ſtan.

*

Leſſing zur Geſchichte und Litteratur 5, 209. Eſchenburgs Denkmäler S. 402. Faſtnachtſpiele aus dem 15 Jahrh. S. 1164. 1167. 1369. Nachleſe S. 327.
1. M Ein arzet. L. zen wetagen. M kündt.
3. M podegram Podagra, Gicht.

4. M beverter. M kündt. bueffen büßen, heilen.
5. M peſtilenz.
6. M referenz.
7. M kündt machen ſehen.
8. M ime.
9. M lam krüppel kündt.
10. Hiernach bei L noch: vnd kunt den kalen leuten machen har das jn das wachs tag nacht vnd jar.
11. ſunderſiechen „ſind die welche mit einem unheilbaren ſich mittheilenden Übel behaftet in abgeſonderten Krankenanſtalten unterhalten wurden. Wenn ſie um Almoſen bettelten, waren ſie in ſchwarze Mäntel gehüllt und hatten einen ſogenannten Kreß um den Hals, einen hochſpitzigen Hut auf dem Kopfe, und hölzerne Klappern in den Händen." Ziemann. Vgl. Schmellers bayer. Wörterb. 3, 268. M künd.
12. M Als do man ſie badet vß.
13. M Würt der bey.

29.

Wer den ertzten wurt zu tail
mit irer affenfalben hail
und ainem bofen zolner zu tail wurt,
fo er im den zol hin hat gefurt,
5 und den Juden zu tail wurt mit irem gefuch,
fo fie in fchreyben in das wucherbuch,
und den pfaffen zu tail wurt mit irem bannen,
fo er nit gelt hat auß zu fpannen,
und aim rauber zu tail wurt, der in umbfchlempt
10 und in in ainem ftock umb gelt klempt,
und der mit ainem bofen eeweyb wurt erfchlagen,
die nacht und tag an im thut nagen,
wer dem darzu ains bofen jars gan,
der thet gar nachet ain teglich fund daran.

*

F. Weckherlins Beyträge S. 62. Faſtnachtſpiele aus dem 15 Jahrh. S. 1163. 1167. 1369. 1435. Nachleſe S. 327. Altdeutſche Handſchriften, verz. 103, 72b.

1. M wirt.
3. M würt.
4. M hat hingefürt.
5. M wirt.
6. wucherbuch Schuldbuch. Benecke-Müllers mhd. Wb. 1, 280.
7. M zeteil mit iren.
8. M er in nit hat gelt.
9. M zeteil wirt. umbschlempt fesselt. Schmidts schwäbisches Wörterbuch S. 466.
10. M vn in einem.
11. M wirt erslagen.
12. M tag vnd nacht.
13. M dem ein böß iar darzü g. gan „gönnte" Weckherlin.
14. nachet „nahe" Weckherlin.

30.

Ain fromer dienſtknecht getrew und warhaft,
der alweg gehorſam iſt ſeiner herrſchaft,
und ain fromme jungkfrau, die ſich alſo ſtelt,
das ſie got und der welt wol gefelt,
5 und ain fromme eefrau, die nit nachgeet,
dann was den irn eren wol anſteet,
und ain frummer prieſter, der nit ſund het tan
und uf der chantzel wol reden kan,
und ain frommer munch, der ſein orden helt
10 und ſich von allen ſunden ſpelt,
und ain frommer bilger der uff dem gottes weg,
der die nacht halb uf den knien leg,
und ain frommer getruwer arbaiter,
den nie kain arbait daucht zu ſchwer,
15 wer die ſiben geſt in ſeinem hauß hat,
der legt in wol mit eren fur ſaltz und brat.

*

Faſtnachtſpiele S. 1163. 1167. 1436.
6. Vgl. Nibel. 1251, 2.   M iren.
7. M ſůnd hat.
11. M bilger vff dem gots.
13. M getrewer.
15. M hot.
16. M für. M brot. Vgl. Bragur 3, 69.

31.

Welcher eehalten dinget umb groſſen lon
der haißt in billig ain benugen thon
und verſprechen fur ſchaden und boſen handel
unnd in ſonderhait fur die vier wandel,
5 das iſt fur untrew, fur fraß und fur faul
und fur boß antwurt aus dem maul,
als man oft an dirnen und knechten ſpürt,
das bezeug ich mit ainem frommen haußwirt.
doch ſol man ſie auch gutlich halten und grüßen,
10 ſo gewinnen ſie nit urſach und vertrieſſen.
aber wer ainen eehalten dingen tet,
der der vier wandel kains an im het,
der ſolt ſich kain lon loſſen reuwen,
er wer verſorgt mit gantzen treuwen.

F. J. Mone, Anzeiger für Kunde der deutſchen Vorzeit 1838,
504. Faſtnachtſpiele aus dem 15 Jahrh. S. 1163.
  1. M Wer. eehalten Dienſtboten. M dingt.
  2. M im.

3. Mone und Händel.
4. wandel Sünden.
5. M vntrew, fraß. Mone untrew, fräffig.
7. dirnen Mägden.
8. M eim.
10. M gewinnens nit.
12. M und Mone der die vier wandel keynen.
13. M kleynen lon laſſen..

Ähnlich iſt folgende Priamel (Bragur 2, 336):

Welch mann hat einen lehrknecht,
der ihm kein arbeit machet recht,
und ſonſt ein knecht der viel ausmeirt,
der gern frißt und gern feirt,
und ein magd, die all nacht außen leit,
und ein ſäugamm, die ein kind treit,
und einen ſohn, der alls verſpielt,
und ein weib, die ihm abſtiehlt,
und hat ſein ſchwieger auch im haus
und andre ihr freund, die tragen aus,
und darf das mit einm wort nicht wehrn,
bey ſchlagen und raufen und maulpern,
der iſt zum märtrer als wohl genoſt,
als ſankt Lorenz auf dem roſt.

32.

Burgſchafft, damit man manchen verderbt,
davon groß ſchaden und veintſchaft erbt,
und druncfenhait, davon man ſchwacht,
die oft ain man zu aim narren macht,
5 und groß lugin ungenoter ding
jungfrawen ſchwecht, das manger wigt gering,
und ſpil, darob man ſpilt unnd ſchwert
und auch dabey umb die meuler bert,
und boſi weyber, die mit lieb nit weiter langen,
10 dan uff die ſeiten, da die daſchen anhangen,
und boſe geſelſchafft, die mangen verfurt,
das ainer zu aim ſchwengel in ain veldglocken wurt,
welcher jung man nach eren will ringen,
der hůt ſich all zeit vor diſen ſiben dingen.

Faſtnachtſpiele S. 1439. Eſchenburgs Denkm. 420 f. Weckherlins Beytr. S. 62.
1. M domit.
4. M einem.

5. M lüg vngenöter.
6. M vnd iunckfrawen. M mancher.
7. spilt. M schilt.
8. M do bey. bert schlägt. Vgl. zu 31.
9. M böß. M lieb nur langen.
10. Beutelschneiderinnen. Vgl. das Fabliau von Boivin de Provins. Méon 3, 357. dan] fehlt M. M auff. M do die tesche.
11. M bös. M manchen verfürt.
12. M das er zu einem. Über veldglocke vgl. Grimm, deutsches Wörterbuch 3, 1463 u. d. W. Feldglocke, Feldglockenschwengel. Sinn: daß er an den Galgen kommt.
13. M junger. M noch e. wöl.

33.

Secht wu der fun vor dem vater geet
und der lay on den priester zum altar steet
und der knecht sich uber sein herrn setzt
und der baur fur den edelman das wilbret hetzt
5 und die henn kret fur den han
und die fraw redt fur den man,
so soll man den fun straffen uf der matten
und soll dem layen scheren ain narrenblatten
und sol den knecht hinder die tur stellen
10 und sol dem baurn ain kue darnieder fellen
und soll die hennen ann ain spis jagen
und soll die frawen mit aim aichin knutel schlahen:
so hat man in allen iren rechten lon geben,
wan got der haßt ain unordenlichs leben.

*

Lessing, zur Geschichte und Litteratur 5, 208. Eschenburgs Denkmäler S. 401. Fastnachtspiele aus dem 15 Jahrh. S. 1167. 1369. 1439. Emil Weller, Dichtungen des 16 Jahrhunderts, Tübingen 1874, S. 57.

1. 𝔐𝔚 wo. 𝔐 ſon. Weiier für den. 𝔐 den.
2. 𝔚 alter.
3. 𝔐 über den herren.
4. 𝔐 wiltpret. 𝔚 wildprät.
5. 𝔐 krehet.
6. redr] fehlt 𝔐.
7. 𝔚 auff. 𝔏 und matten mit der Erklärung: „ihm Geld=
buße auflegen".
8. narrenblatten] blatte Tonſur.
10. kw ſeln 𝔏. 𝔐 kû.
12. 𝔐 fraw mit eim eichen knüttel ſlagen. 𝔚 ainem
aichen bengel ſchl. 𝔏 mit knütteln.
13. 𝔏 den rechten.
14. 𝔏 Got haſt ſelbs. 𝔚 haſſet. 𝔐 vnordlichs.

5

34.

Secht! wo der vatter vorcht das kind
unnd leßt sich furen, ee dan er wurt blint,
und der wirth im hauß geschlayrt geet,
so er wol ubel und guts versteet,
5 und den herrn bautzt und irtzt den knecht
und den bosen ert und den frommen verschmecht
und die priester spilen, fluchen und schweren,
das ins die layen müssen weren,
und der herr arbaiter lang vast uff den tag
10 und der müssigener frue fult sein sack
und der baur streit und der ritter fleucht
und der arm warsagt und der reich leugt,
ist dem claid nit das hinder herfür kert,
so hot mich der schneider das hantwerck nit recht gelert.

Lessing a. a. O. S. 208. Eschenburgs Denkm. S. 401. Fastnachtspiele aus dem 15 Jahrh. S. 1167. 1369. 1435. Weller, Dichtungen S. 58.
1. M förcht.

2. M f. denn ee er wirdt.
3. M hauſe geſchleyert.
4. M gut.
5. M herren tunt.   5 und 6 vertauſcht L.
6. M erer.
7. L vnd die glerten ſpiln und ſwern.
9. L der arbeiter lang faſten mus hin auf.
10. ML müſſiggeer.
13. M kert.
14. M hat.

35.

Seyt das man die außgeschniten schuch erdacht
und zerschniten hosen unnd klaider mit lappen macht
und seit das man mer nestel in ainer hosen trug, dan drey,
und seit das kain mensch dem andern nymmer steet bey
5 und seit das zudrincken und fressen nymyt uberhand
und, die es straffen solten, nit halten fur schand,
auch schweren marter gots onmacht und wunden
gemain ist worden mit andern grossen sunden
und die kriegsgurgeln so gar nemen uberhant
10 und durchlauffen mit rauben, stelen mange lant
und nieman uf den ban wil achten,
den etswa die frommen beyst machten,
und seit das man was die alten recht verkeren
und die priesterschafft nymmer hat in eren
15 und die reichen die armen wurden verschmehen
und ver baurn wurden spotten und sie anbleen
und seit das hurn und buben in rauen recken wurden gan,
seyther wolts nymmer wol in der welt stan.

Lessing zur Gesch. u. Litt. 5, 207. Herder im teutschen Mercur 1782. Aug. S. 175. Eschenburgs Denkmäler S. 400. Fastnachtspiele aus dem 15 Jahrh. S. 1163. 1165. 1435.

1. M schneblaten schü. H Seit man die engen.
2. M Vnd zotten vnd lappen vff die cleider macht. H Zoten und lappen an die kleider macht.
3. M seitt dz man in einer hosen meer nestel trüg dann drey. H Und in einer hosen mehr nestel trug.
4. M ein mensch. H Und ein m. d. a. nit wollt stehen.
5 bis 10 fehlt MH.
11. M niemandt. ban „Gebote, Verbote, Interdicte" H.
12. M erwan.
13. M man die alten recht ward verkeren. H Und die a. r. wollt v. und priesterschaft nimmer wollt haben in ehren und nimmer auf die bann wollt achten, die etwenn die frommen päbst machten.
14. hat] M thüt haben.
16. MH bauern sp. u. anblähen.
17. H in rauhem rocken wirren gehn, was ganz unrichtig erklärt wird; rauhe röcke sint Pelzröcke, einst die Auszeichnung der Vornehmeren. M würden geen : steen.
18. M Seyt wolts.

36.

Essen und drincken on danckberkait,
als uns die hailig gschrifft sait,
und on anbacht zu der kirchen gangen
mit großer hoffart und mit brangen
5 und bredig horen und daran nit keren,
als uns dan die frommen priester leren,
und almusen geben zu rom und zu gesicht,
als offt von manchem menschen geschicht,
unnd rat geben auß valscher trew
10 und beichten on scham und on rew,
die werck seind got als lieb und genem,
als wan ain beschorne saw in die Judenschül kem.

*

Lessing a. a. O. 5, 211. Eschenburgs Denkm. S. 403.
Fastnachtspiele aus dem 15 Jahrh. S. 1163. 1167. 1369. 1439.
   1. M danckbarkeit.
   2. M helig geschrifft seyt.
   4. M hochfart.
   6. M frummen.
   7. M rům.
   9. M vß.
  12. M beschorn saw in judenschůl kům.

37.

Ain frommer man, der gern recht thet,
da nieman guten glauben an het,
und den man fur ain frommen in ain rot erwelt
und in ain butel fur ain schalck zelt
und ime ain konig geb, das er zu narung kem,
und ims ain schintfessel wider nem
und im ain wirt gut herberg zusagt
und in der haußknecht wider auß jagt
und im die wirtin hinden und vornen uffschlüß
und in die maid mit aim wasser begüß,
ain solcher mecht wol billich clagen
und von großem unfal sagen,
wan in got in sein himelreich ließ
und in sant Peter wider heraus stieß.

Lessing a. a. O. 5, 221. Eschenburgs Denkmäler S. 412.
Fastnachtspiele aus dem 15 Jahrh. S. 1369. Nachlese S. 327.
2. M nyemand.
3. M für ein frummen in einen rath.

5. M im.
8. M vßjagt.
9. M forn.
10. M magt.
11. M billichen.
12. M großer verheyckeit. V großer verheideit.
13. M Wenn. M hymelrich.
14. M Peter herwider vßer ist.

38.

Ain sunder, der in seinen sunden verzagt,
unnd ain priester, der aus der beicht sagt,
und ain müller, der da valschlich mitzt,
und ainer, der an der unee sitzt,
5 und ainer, der fravelich im ban leyt
umb recht sach und nichts darumb geyt,
und ain richter, der dem armen das recht verkürtzt
und im ain hütlin darüber stürtzt,
und ain herr, der new zol stifftet,
10 damit er land und leut vergifftet,
faren die siben gen himel an der engel schar,
so vert ye ain frummer Carteuser auch dar.

    Lessing, zur Geschichte und Litteratur 5, 210. Herder a. a. O.
S. 172. Eschenburgs Denkm. S. 403. Fastnachtspiele aus dem
15 Jahrh. S. 1164. 1166. 1369. 1435.
    1. Fastnachtsp. der in sünden oder in sein sünden.
    2. M vß.
    3. 50, 9 f. M müllner der do felschlich.
    4. M in der vnee. „Concubinen hält" Herder. ? unend.
Unend = Faulheit bei Hans Sachs 5, 210, 25. 9, 201, 24.

5. M freuenlich.
7. M der eim armen. H kürzt.
8. M hütlein.
9. 51, 11. M zöll stifft : vergifft.
12. Die Kartäuser erwähnt auch folgender Spruch bei Vilmar S. 316:

Ein böhmisch Mönch und schwäbisch Nonn,
Ablaß, der die Kartheuser hon,
Ein polnisch Brück und wendisch Treu,
Hüner zu stehlen Zigeuner Reu,
Der Welschen Andacht, Spanier Eid,
Der Deutschen Fasten, köllnisch Maid,
Ein schöne Tochter ungezogen,
Ein roter Bart und Erlenbogen,
Für diese dreizehn noch so viel
Gibt niemand gern ein Pappenstiel.

39.

Ain richter, der da richtet recht,
dem armen als den reichen nit verschmecht,
und ain kauffman, der nieman est
zu aller zeit mit seinem geschefft,
5   und ain frummer getrüwer hantwercksman,
der gern arbait und das wol kan,
und ain baurßman, der sich anders nit nert,
den das er mit dem pflug aus der erden ert,
damit im sein narung wurt saur und bitter,
10 die vier trügen billicher gold, dan ain ritter.

Aus einer Wolfenbütteler Handschrift von 1461 nach Eschenburgs
Mittheilung bei H. v. d. Hagen, Grundr. S. 412. Fastnacht-
spiele aus dem 15 Jahrh. S. 1166. 1369. Nachlese S. 327.
  1. M do.
  2. M den armen. Hag.: als reichen, und niemand.
Vgl. 35, 15. 42, 5 f.
  3. M nyemandt.
  5. Hag. getreuer frommer.
  8. M dann. M vß der erden eret. Hag. erert; pflügt.
  9. M Domit.
  10. M billich gold denn ein böser r. Hag. vil billiger
gold denn ein böser.

40.

Ain richter, der da sitzt an aim gericht
und drewlich darnach sint und dicht,
wie er aim ain rechts urtail müg sprechen,
wan in der loica angel wil stechen,
5 so gewalt das recht hinder sich treybt,
wan er das wider fur sich scheybt,
so man aim armen das recht verquent
und im ain hütlein fur die augen wendt,
schlecht er das wider dannen mit seinem stab,
10 das recht lieber hat, dann freuntschaft oder gab,
der arbait seiner sele so trewlich zu got,
als hielt er alwegen die zehen gebot
und gieng uf seinen bosen knien wallen,
noch het got am rechten ain grossers wolgefallen.

Vgl. Fastnachtspiele aus dem 15 Jahrh. S. 1164. 1166. 1369. 1439. Nachlese S. 327.
  1. M do.
  4. M wenn. M Logica. Angel Stachel.

6. M wenn.
7. **verquanden,** vergewanden, verdecken, trüben, vorenthalten. Vgl. Zimmerische Chronik hg. Barack 2, 224. 3, 186.
11. M seel vil getrewlicher.
12. M dann hilt.
13. M blosen kneyen.
14. M r. grössers.

41.

Ain torrichter rather in ainem rat,
so man weise sach zu handeln hat,
und ain unbarmhertziger richter,
der am rechten wer ain boser schlichter,
5 und ain ungelerter beichtiger,
der nit weste, was ain todsünd wer,
und ain mesner, der solchs verhilt,
das er selber in der kirchen stilt,
und ein dorhuter, der weins kraft beses,
10 das er der schlüssel nachts am tor vergeß,
und ain rentmaister, der me nempt, dann gultbucher weisen,
und das uberig in sein sack leßt reysen,
wer die absetzt und lies ander from an ir stat stan,
der tet kain große todtsünd dar an.

*

Eschenburgs Denkm. S. 420. Weckherlins Beytr. S. 63.
Fastnachtspiele aus dem 15 Jahrh. S. 1164. 1166. 1369. 1435.

1. M Ein dorachter ratherr in eim. Faſtn. ratherr. in] Faſtn. und ein.
6. M wüßt.
7. M glöckner der ſölchs.
11. M kaſtner der mer nympt.
13. M frümmer.

Nach dieſer Priamel folgt in M gleich N. 43 Ein rat in einer ſtatt vnd gantz gemein.

42.

Wo allwegen gut gericht ist in ainer stat
und der gemain ain weiser trüwer rat
und ein pferrer, der sich an anders nicht kert,
dan alwegen selber thut, was er seine schefflin lert,
5   und ain richter, der da richtet recht
arm als reich und nieman verschmecht
und darinn hat die recht maß, gwicht und eln,
damit man soll außmessen und hinzelen,
und got darinn lieber hat, dann das gelt,
10 das nu ye lenger und ye vester velt,
secht, wu der in ainer stat ſein,
da kompt gar hart ain unglück ein.

Fastnachtspiele aus dem 15 Jahrh. S. 1163. 1166. 1343. 1369. Nachlese S. 327.
    1. M alweg.
    2. M getrewer.
    3. M pfarrer.

4. M Vnd alwegen. M sein schöfflein.
5. 39, 2. M do.
6. M Den armen als den reichen.
7. M gewicht vnd elen.
8. M vßmeßen.
10. M das man ye.
11. M wo.
12. M yn.

43.

Ain rat in ainer stat und ain gemain,
wu die all gleich tragen uber ain,
ain pferrer und sein underthenig,
die nit wider ain ander spennig,
deßgleichen ain convent und ir apt,
da zwischen es nymmer ufgnapt,
und ain herr und all sein hinderseffen,
die nymer mit ainander kiffen esen,
und ain frommer eeman und sein weyb,
die zwu sel haben und ainen leyb,
wu die ding zusammen concordiern,
das ist got vil ain pesser hoffiern,
dann saitenspil unnd orgelgesanck,
das von musica uff dieser erd ye erclangk.

*

Weckherlins Beytr. S. 69. Fastnachtspiele aus dem 15 Jahrh.
S. 1164. 1167. 1342. 1369. 1439. In M steht dieses Stück
vor N. 24.

1. 𝔐 v. gantz gemein.
2. 𝔐 Wo. Weckherlin unrichtig wenn. 𝔐 trügen.
3. 𝔐 Vnd ein pfarrer vnd all f.
4. 𝔐 die nymmer nit mit einander sind widerspenig.
5. 𝔐 Vnd ein conuent in eim closter vnd eyn apt.
6. 𝔐 zwischen nymmer nichts.
8. 7, 6. 𝔐 nymmer nit. 𝔐 kifferbeiß. Vgl. R. 7, 6.
10. 𝔐 zwo seeln h. vnd nûr ein.
11. 𝔐 Secht wo d. d. all gleych concordirn.
12. 𝔐 bessers.
13. 𝔐 Dann aller dz seitenspil.
14. 𝔐 vff erden nit.

44.

Ain hirt, der trewlich seins vichs hut,
und nymer nit flucht und alwegen gut,
und ain baurßmann, der sein gült schon geit
getrewlich und zu rechter zeit,
5 und ain hantwercksman, den niemant schilt,
der aim sein pfening wol vergilt,
und ain ritter, der gern beschirmbt witwe und waisen
und niemant in leßt wider recht abzaisen,
und ain her, der frid macht uber jar
10 und das an trib bis uf die bar,
den allen will got miltigklich verzeyhen,
er wil in sein gnad am letzsten end verleyhen.

*

Vgl. Fastnachtspiele aus dem 15 Jahrh. S. 1164. 1166. 1369. 1435.
    2. Früher stand hut, corrigiert in gut.
    6. M sin pfennig.
    7. M witwen.

8. M abzeyfen. zeifen locken. Vgl. schwäb. zeifeln. abzaifen nicht in Grimms Wörterbuch.
10. M antreybt. M auff. bar Totenbahr.
11. M got mit nicht v.
12. M an irem letſten endt.

45.

Ain zimerman, dem die spen in claidern hangen,
wan er ist von seiner arbait gegangen,
unnd ain koler, der schwartze claider antregt,
wan er die koln zu hauffen hat gelegt,
5 und ain metzler, der mit blut ist besprengt,
wan er ain schaff sticht oder ain schwein besengt,
und ain wagenman, der antregt kotig schuc
und underweyln hosen darzu,
und ain schmid, der russig ist unden und oben,
10 und ain muller, der mit melb ist bestoben,
und ain meßner, der mit war ist betrairt,
so er under den kertzen umblairt,
da mit hat ir kainer sein ere verzett;
der ist ain narr, der darumb ubel redt.

Fastnachtspiele aus dem 15 Jahrh. S. 1163. 1333. 1369. 1435. Nachlese S. 327.

1. 𝔐 Eym.
2. 𝔐 Wenn. 𝔐 gangen.
3. 𝔐 schwartz.
6. 𝔐 Wenn.
8. 𝔐 vnderweilen.
10. 𝔐 mülner. bestoben] Vgl. meine Erzählungen aus altdeutschen Handschriften gesammelt, Stuttgart 1855, S. 13, 18.
11. 𝔐 glöckner. 𝔐 wachß ist betreyfft.
12. 𝔐 vmb geleyfft.
13. 𝔐 Do.

46.

Ain hantwercks-knecht, dem man guten lon geit,
der des morgens lang uff den tag leit
und allen suntag zum wein geet,
so sein maister under den Juden steet,
5 und am mitwochen geseln außgelait,
ee er sein furgriff hat berait,
und alle freitag geet zum met,
so sein maister verdingt arbait het,
und alle sambstag zum bad gat
10 unnd darzu die feulin in henden hat,
und des nachts lang uff der gassen umb gat,
so er seinem maister nottigs arbaiten soll,
der verdient selten sein wochenlon wol.

*

Vgl. Faſtnachtſpiele aus dem 15 Jahrh. S. 1163. 1167. 1333. 1436.
  1. M man eyn g.
  2. M auff.
  3. M montag.

5. M v. all mitwoch gesellen.
6. M gereyt.
10. M sewleu.
11. M auff. Hiernach scheint eine Zeile zu fehlen oder ist
Z. 10 oder 11 zu tilgen.
12. M nötigs.

47.

Ain hantwercksman, der from knecht hat,
die gern arbaiten frue unnd spat
und den man ubel zu essen geit
und der maister uber die wuchen zum wein leit
5 und alles das wurt an,
das im sein werckstat gewinnen kan,
und den knechten besonder einkauffen loßt
herte keß unnd grobes brot
unnd maint, er wol an in ersparen,
10 das im ist durch die blosen gevaren,
und die knecht uber jar gern das best teten
und am sontag gern ir wuchen-lon heten
und erst solten borgen irn hern liblon,
dem wurt gar selten in die leng gut arbait geton.

Fastnachtspiele S. 1163. 1167. 1371.
4. M meister stedes beym weyn.
5. M würdt.

7. M besunder jnkauffen lot.
8. M keße.
10. M das nun ist. M blasen.
11. M knecht gern über iar.
12. M wochenlon.
13. M sollen borgen iren herren.
14. M gethan.

48.

Ain mistpfütz und ain pfůl,
ain seſſel und ain stůl,
ain viſcher unnd ain ferg
und ain butel und ain ſcherg,
und ain melmacher und ain müller
und ain weinſchlauch und ain füller
und ain zick und ain gaiß
und ain fiſt und ain ſchaiß
und ain climer und ain ſteiger.
und ain fidler und ain geiger
und ain dantz und ain ray,
das ſeind ye zway und zway ainerlay.

Faſtnachtſpiele S. 1162. 1165. 1333. 1370. 1439. 1456.
2. M vnd ein ſeſſel.
3. M vnd ein v.
5. M melbmacher. M mülner.
7. M zieg.
8. M fiſcht vnd ſcheyß.
9. M clymmer vnd ſteyger.

49.

Ain hupscher waidman und ain jeger
und ain fauler und ain treger,
ain geig und ain fidel
und ain sitzbanck und ain sidel
und ain wild gans und ain rapp
und ain maullaff und ain lapp
und ain tümmer und ain unweiser
und ain lacher und ain bescheisser
und ain kist und ain schrein
und ain saw und ain schwein
und ain ochs und ain rindt,
diese seind auch alle geschwisterti kind.

Fastnachtspiele S. 1163. 1165. 1333. 1370. 1439. 1456.
3. M Vnd ein geyg.
7. M thummer vnd ein weiser.
8. M lacher.
12. M geschwister.

50.

Ainer, der ſpil het getriben an
dreißig jar und nie kain ſchwur het than,
und ain wirt, dem alle tag geſt komen,
der nie kain gaſt het ubernomen,
5 und ain kaufman, der warſagt zu aller zeit,
und ain ſchneider, der all fleck wider geit,
und ain weber, den man zelt für ain alten,
der nie kain garn hat daheim behalten,
und ain müller, der zu ſeinen tagen iſt komen,
10 der nie kain metzen zu vol het genomen,
und ein Jud, der da hat ain grawen bart,
der nie kaim Criſten veint wart,
die ſiben welt ich lieber bey ainander ſehen,
dann ain ſchneider an ainer hoſen ſehen nehen.

Leſſing zur Geſch. u. Litt. 5, 207. Eſchenburgs Denkm. S. 400. Faſtnachtſpiele aus dem 15 Jahrh. S. 1163. 1167. 1333. 1369. 1435.

1. L Ein ſpiler der alle ſpil wol kan.
2. L Und xxx iar hat geſpilt und kein fluch hat tan. M gthan.
3. M einen w. L dem albeg zu iſt k. Nach dem zweiten Wolfenbütteler Manuſcript dem altag geſt zu k.
4. M geſt. L und kein gaſt nye hat.
5. L alzeit war ſeit.
7. L helt.
8. L jaren hat b. M doheim.
9. M mülner.
10. L die miz.
11. M do.
12. M keynem.
13. M wölt.
14. ML einer alten hoſen nehen.

51.

Ain kramer, der nit leugt,
und ain abotecker, der nieman betreugt,
und ain Jud, der allen besuch leßt faren,
damit er sein sel wil bewaren,
5 unnd ain pfarrer, der sich des opfers wert
und maint, got hab im sunst gnug beschert,
und ain tumherr, der sich in ain stock ließ quelen,
eehe er sich zu ainem bischoff ließ welen,
unnd ain richter, der ehe umb ain guldi kem,
10 dan das er zwen zu hantsalb nem,
und ain herr, der alle zoll abthun hieß,
ee er ainen rauber in seinem land ließ,
die siben wolt ich auch lieber bey ainander finden,
dan ainen metzler an ainer kue sehen schinden.

Weckherlins Beytr. S. 65. Scholls deutsche Litteraturgesch.
1b, 493. Fastnachtspiele aus dem 15 Jahrh. S. 1163. 1167.
1333. 1369. 1435. Nachlese S. 327.

1. M der do nyemer nit.
2. M nyemandt.
3. Vgl. 29, 5: den Juden mit irem gesuch.
4. M domit.
8. M eym.
9. M gülden.
10. M Denn das er zu h.
11. M der do alle zöll.
12. M ein rauber in seym.
13. auch bezieht sich auf 50, 13; daher Weckherlin es wegläßt.
14. M eyn metzler an einer alten küe.

Mit diesem Stücke schließt der Mainzer Druck, N. 52 ff. hat die Stuttgarter Handschrift allein. Diese 3 Stücke sind keine Priameln.

52.

Wem glück ist beschert,
der ist dahaim, wu er fert.
will gluck nit zum man,
so hilfft nicht, was er kan.
doch nieman geleben mag
dreissig jar unnd ainen tag,
im zerrin leibs oder guts,
weißhait oder muts.
so thun wir nichts so sere,
dann stellen nach gut und ere.
wan wir das nu erwerben,
so leg wir uns dan nider und sterben.

*

Eschenburgs Denkmäler S. 412. Bragur 2, 334. K. Lachmann zu Walther von der Vogelweide S. 88, 1. Wilmanns zum Walther S. 345 f. Wackernagels deutsches Leseb. 1, 793. b. 1027.

1. W glück und sælde hie. Freidank 97, 14 f.
2. W daheime wo.

3. W will aber . . zu dem. Freidank S. 182.
4. W hilfet ihm nichts.
5. W und doch niemand. Freidank 57, 6.
6. J. Grimms deutsche Rechtsalterth. S. 218. 224. Vgl. 23, 1. 50, 2.
7. Br. und ihm gebrechts leib. W a [und] im ge=leibs. b im g. l.
8. W und auch dazu weisheit und.
9. W wir streben auf erden nach nichts so sehr.
10. W als nach gut hoffart und ehr.
11. W und so wir des denn alles.
12. W legen . . . denn.

53.

Sew korn Egidii, habern Benedicti
und flachs Urbani, ruben wicken Kiliani,
erwis Gregori, linsi Jacobi minoris!
sew zwybeln Ambrosii, all selt gronen Tiburcii!
5 sayw kraut Urbani und grab ruben sancti Galli!
mach wurst Martini! kauf keß vincula Petri!
drag sperwer Sixti, vach wachtel Bartholmey!
kauff holtz Johannis, wiltu es haben Michaelis!
klaib stuben Sixti, wiltu warm han natalis Cristi!
10 iß gens Martini! drinck wein per circulum anni!

*

Wir haben hier keine Priamel, sondern hexametrische Haus-
haltungsregeln, deren Abfassung Wilhelm Wackernagel (Geschichte
des deutschen Hexameters und Pentameters bis auf Klopstock
S. 11) muthmaßlich ins Ende des 14 Jahrhunderts setzt mit
dem Beifügen, dass sie sich vom Anfange des 15 bis in's 16
Jahrhundert hinein bald hier bald da zeigen, in immer veränderter
Gestalt, in bald kleinerer bald größerer Anzahl der Verse, nieder-
rheinisch in einer Handschrift der Stadtbibliothek zu Maestricht aus
dem Anfange des 15 Jahrh., schlesisch in einer Breslauer Papier-

handschrift aus dem ersten Viertel des 15 Jahrh. Univ.-Bibl. I.
Q. 466. Bl. 40a, hochdeutsch in einer Handschr. vom Jahre 1410
(Leipziger Litt.-Zeit. 1812, Sp. 1635); gedruckt in Joh. Agricolas hochdeutscher Erklärung der Sprichwörter, noch nicht in der
ersten, niederdeutschen Ausgabe des Buchs: Drehundert Gemener Sprickwörde, Magdeburg 1528, aber in späteren, zum
654 Sprichwort: Ein ieglich Ding will sein Zeit haben;
Weckherlins Beytr. S. 66; Mones Quellen und Forschungen
1, 126; Anzeiger für Kunde der deutschen Vorzeit 1837, 368.
1871, 136; Wackernagels Geschichte des Hexameters S. 12 f.
Scholls deutsche Litteraturgesch. 1b, 496. Über die Nachwirkungen
dieser Hexameter bringt Wackernagel S. 14 noch Folgendes bei:
„Aus diesen Hexametern stammen des Abenteuerlichen Simplicissimi
alte Sprüche vom Feldbau (des Abenteuerlichen Simplicissimi
Ewig-währender Calender, Nürnberg o. J. (1670). 4. S. 4), so
wie die vor einiger Zeit in den schlesischen Provincialblättern
(1829. Ergänzungsbogen S. 129 f.) abgedruckte „altschlesische
Haushaltungsregel, aus einem 300jährigen Buche ausgeschrieben
1786" (jene wie diese in kurzen Reimzeilen) dem größten Theile
nach her. Ebenso ist auch die alte Regel der Bauernpractica „wie
das Säen und anders zu unterschiedener Zeit vorzunehmen"
(Bauern-Practica oder Wetter-Büchlein. St. Annaberg 1698. 8.
S. 126) weiter nichts als eine prosaische Auflösung alter Hexameter;
einiges ist noch ganz deutlich Vers geblieben." Die hauptsächlichsten Abweichungen der genannten Recensionen gebe ich bei den einzelnen Stellen an; nur die Papierhandschrift N. 61 des Klosters
Seitenstetten stellt die Zeilen völlig um. W. Wackernagels deutsches Lesebuch 1, 796 b, 1030:

Jß gens Martini, wurst in Festo Nicolai!
Jß Blasii lemper, hæring Oculi mei semper!
Jß eier Pasce, ertper Johannis Baptiste!
Von kitzen carnes sint guet festo Pentecostes.

Trag sperber Sixti, vach wachtel Bartholomei!
Kleip wol Calixti, heis vast natalitia Christi!
Se korn Egidii, habern gersten Benedicti!
Kauf holz si velis, wilt nit erfrieren Michælis.
Grab ruben Colomanni, se kraut Damiani!
[So] hep an Martini, trink win per circulum anni.

Die Hs. liest Z. 3 eir, Z. 10 hept, was Wackernagel ver‑
bessert.

1. Sä Agric. haveren gersten niederrh. habir gerste
schles. habern gersten Wackern. Agric. habern kommt in Schwa‑
ben auch als Verbum vor = Haber säen oder den Haber be‑
stellen.

2. Plante kol Urbani, werp weet, rovesaet K. nie‑
derrh. Sä f. A. Zehe hanf Urbani, lein Viti, rueben
Kiliani schl. wicken ruben A.

3 bis 4 fehlt A. 3 bis 6 fehlt schl.

3. Gregorii Weckh. Wackern. linsen. Wack. lyn sege Ja‑
cobique minoris niederrh.

4 bis 6 fehlt niederrh.

4. grunen Wack. „alles grüne Feldgewächs" Weckh.

5. Sä hanf Urbani, Viti kraut, erbes Gregori, Lin‑
sen Jacobique Philippi, grab ruben Vincula Petri A.

6. Schneide kraut Simonis et Judæ A.

7. Trag A. vank vinken niederrh. Bartholomei Wack.

8. fehlt A. 8 bis 9 fehlt niederrh. Statt 8 bis 10 hat schl.:
Grab ruben Adipe, zeüt craut Vidi domo sedentem.

9. Kleib A. Calixti, heiß warm n. C Iß lamms‑
braten Blasii, gut häring Oculi mei A.

10. Drynck wyn Martini, loep schoduuel nativitatis
niederrh. Heb an M. A.

54.

Jn dem hauß frolich unnd tugentlich,
uff der gassen ersam unnd zuchtigklich,
inn der kirchen diemutigklich unnd innigklich,
uff dem feld menlich und sinnigklich,
5   uber dem disch messig vnnd milt,
inn dem beth züchtig und nit zu wild,
an allen enden fromm und ernveste,
alle zeit gotzvorchtig, das ist das beste.

*

Weckherlins Beytr. S. 65. W. Wackernagels deutsches Leseb.
1, 795. b, 1029. Scholls deutsche Litteraturgesch. 1b, 495.
  5 f. fehlt bei Weckherlin und hiernach bei den übrigen.
  7. In der ersten Auflage durch Versehen erueste.

Register.

	Nummer
Ain artzt der zenwee kiind vertreiben	28
Ainer der spil het getriben an	50
Ain fromer dienstknecht getreu und warhaft	30
Ain frommer man der gern recht thet	37
Ain hantwerckstnecht dem man guten lon geit	46
Ain hantwerctsman der from knecht hat	47
Ain hirt der trewlich seins vichs hut	44
Ain hupscher waidman und ain jeger	49
Ain junge maid on lieb	8
Ain kramer der nit leugt	51
Ain man der da wol mag drincken und essen	20
Ain mistpfütz und ain pful	48
Ain priester der dreißig jar zur schul wer gangen	23
Ain rat in ainer stat und ain gemain	43

	Nummer
Ain richter der da richtet recht	39
Ain richter der da sitzt an aim gericht	40
Ain stelender dieb und ain butel	9
Ain sünder der in seinen sünden verzagt	38
Ain torrichter rather in ainem rat	41
Ain vaßnacht on frayden	6
Ain vaßnacht und ain frolichkait	11
Ain weindrincker und ain bodennaig	10
Ain zimerman, dem die spen in claidern hangen	45
Burgschafft damit man manchen verderbt	32
Die lieb die die menschen zu ain ander haben solten	27
Essen und drincken on danckberkait	36
In dem haus frolich unnd tugentlich	54
Lieb ist an aller stat	26
Nach dreyen dingen wurt man schwach	21
Nach dreyen dingen wurt man starck	22
Secht wo der vatter vorcht das kind	34
Secht wu der sun vor dem vatter geet	33
Sew korn Egidii habern Benedicti	53
Seyt das man die außgeschniten schuch erdacht	35
Welcher eehalten dinget umb großen lon	31
Welcher lay sein vasten unnd andacht	2

                                                            Nummer
Welcher man als faul wer und als treg 25
Welcher man an fraiden ist erloschen 7
Welcher man nit geltend guter hat 19
Welcher man sich vor dem alter besorgt 3
Welcher man wandert in guter wat 18
Welcher man wer als faul und als leß 24
Welcher solche ding will außstuddiern 1
Wem glück ist beschert 52
Wer ain bock zu aim gertner setzt 13
Wer ain hennen hat die nit legt 17
Wer ain pferd hat das da hinckt 16
Wer baden will ainen rappen weiß 5
Wer den ersten wurt zu tail 29
Wer gaiß in garten lest 12
Wer holtz uff mässerin dischen hawt 4
Wer sich ainer solchen sach vermeß 14
Wer umb den becken laufft korn 15
Wo allwegen gut gericht ist in ainer stat 42